¡Vamos!
바모스

비즈니스로
배우는
스페인어

저자 소개

김성조

전 한국외국어대학교 강사
전 동국대학교 강사
전 광운대학교 강사
전 이화여자대학교 강사
전 한국외국어대학교 중남미 연구소 책임연구원
현 한국보건산업진흥원 자문위원
현 정보통신기술진흥센터 평가위원
현 연세대학교 언어연구교육원

바모스!
비즈니스로 배우는 스페인어

초판 1쇄 발행 2017년 8월 31일

지은이 김성조

펴낸이 박민우
기획팀 송인성, 김선명, 박종인
편집팀 박우진, 김영주, 김정아, 최미라
관리팀 임선희, 정철호, 김성언, 권주련

펴낸곳 (주)도서출판 하우
주소 서울시 중랑구 망우로68길 48
전화 (02)922-7090
팩스 (02)922-7092
홈페이지 http://www.hawoo.co.kr
e-mail hawoo@hawoo.co.kr
등록번호 제475호

값 13,000원
ISBN 979-11-86610-98-5 13770

* 이 책의 저자와 (주)도서출판 하우는 모든 자료의 출처 및 저작권을 확인하고 정상적인 절차를 밟아 사용하였습니다.
   일부 누락된 부분이 있을 경우에는 이후 확인 과정을 거쳐 반영하겠습니다.

* 이 책은 저작권법에 따라 보호받는 저작물이므로 무단전재와 무단복제를 금지하며,
   이 책 내용의 전부 또는 일부를 이용하려면 반드시 저작권자와 (주)도서출판 하우의 서면 동의를 받아야 합니다.

 MP3 다운로드 www.hawoo.co.kr 접속 후 '자료실'에서 다운로드

¡Vamos! 바모스
비즈니스로 배우는
스페인어

김성조 지음

머리말

스페인어를 한다는 것은 의사소통의 지평이 비단 스페인에만 머무는 것이 아니라 광활한 아메리카 대륙까지 넓어진다는 것입니다. 미국의 스페인어 사용자 8000만명을 포함하여 중남미 약 20여개 국가 5억명의 시장이 바로 스페인어 학습자의 무대인 것입니다.

비록 땅덩어리는 적지만 우리나라는 다양한 국가들과 무역을 통해 세계 경제 성장의 모범으로 우뚝 섰습니다. 중남미 시장은 우리나라와의 무역규모 면에서 상대적으로 다른 대륙에 비해 크다고 할 수는 없지만 우리에게 많은 경제적 이익을 주는 곳입니다. 그리고 그 중요성은 앞으로 더욱 더 커질 것입니다. 스페인어를 공부하는 여러분들이 이와 같은 비전을 갖고 공부를 해 나간다면 반드시 그 꿈이 이뤄낼 수 있을 것입니다.

이 책을 통해 스페인과 중남미 비즈니스에 대한 꿈이 더욱 더 커지기를 기대합니다. 세계로 뻗어 나가는 한국인이 되기를 기대합니다. 그리하여 국가에 크게 기여하는 여러분이 되기를 기대합니다.

마지막으로 감사의 마음을 사랑하는 승은, 도준, 도이에게 전합니다.

김성조 씀

차 례

01	기업과 회사 (1)	9
02	기업과 회사 (2)	19
03	인력개발 (1)	29
04	인력개발 (2)	41
05	인력개발 (3)	51
06	인력개발 (4)	63
07	홍보와 마케팅 (1)	73
08	홍보와 마케팅 (2)	83

09	구매와 판매 (1)	93
10	구매와 판매 (2)	103
11	수입과 수출 (1)	113
12	수입과 수출 (2)	123
13	은행	135

| 정답 | | 149 |

01

Lo nuevo Eo de España

기업과 회사 (1)

학습내용

학습목표

Términos básicos

Texto

Expresiones fundamentales y comprensión

Práctica

Objetivos y contenidos

학습내용

기업과 회사에 관련된 표현

학습목표

스페인어에서 기업과 회사운영 등에 관련된 대표적인 스페인어 표현을 이해하고 활용할 수 있다.

Términos básicos

Sociedad mercantil	회사
Sociedad Anónima (S.A.)	주식회사
Capital social	자본금
Socio mercantil	출자자
Acción	주식
Deuda	빚, 채무
Patrimonio personal	개인 재산
Quiebra	파산
Accionista	주주
Consejo de Administración	이사회
Junta General de Accionistas	주주총회
Bolsa	증권 거래소
Sociedad Limitada (S.L.)	유한회사

Texto

- 다음의 내용을 읽어봅시다.

Va_Negocios_01

Paula y Martín son estudiantes de Economía y compañeros de clase. Hoy, el profesor, Javier Gil, explica las sociedades mercantiles.

Javier: En la Sociedad Anónima (S.A.) el capital social lo ponen los socios y se divide en acciones. Los socios no son responsables de las deudas de este tipo de sociedad con su patrimonio personal.

Paula: Entonces, si la empresa entra en quiebra, los accionistas no pueden perder sus bienes, como la casa, el coche, etc., ¿no?

Javier: Correcto, eso es. Además, las sociedades anónimas están dirigidas por un Consejo de Administración. A menudo, las sociedades anónimas venden sus acciones en Bolsa.

Martin: ¿Cuál es la diferencia entre la Sociedad Anónima (S.A.) y la Sociedad Limitada (S.L.)?

Javier: En la S.L. los socios sí son responsables de las deudas con su patrimonio personal, pero su responsabilidad está limitada por la cantidad de dinero que han dado a la empresa.

Martin: Ah, de acuerdo. Gracias.

Expresiones fundamentales y comprensión

Paula y Martín son **estudiantes** de Economía y **compañeros** de clase. Hoy, el profesor, Javier Gil, **explica** las **sociedades mercantiles**.

어휘설명
Estudiante 학생 | **Compañero** 동료, 파트너 | **Explicar** 설명하다
Sociedades mercantile 회사들(상행위 주체들)

Javier

En la **Sociedad Anónima (S.A.)** el **capital social** lo **ponen** los **socios** y **se divide** en **acciones**. Los socios no son **responsables** de las **deudas** de este **tipo** de sociedad con su **patrimonio personal**.

어휘설명
Sociedad Anónima (S.A.) 주식회사 | **Capital social** 자본금
Poner 출자하다 | **Dividirse en** 나누어지다, 갈라지다 | **Socios** 출자자
Acciones 주식 | **Responsable de** ~에 책임이 있는 | **Deudas** 채무
Tipo 타입 | **Patrimonio personal** 개인재산 |

Entonces, si la **empresa** entra en **quiebra**, los **accionistas** no pueden perder sus **bienes**, como la casa, el coche, etc., ¿no?

Paula

어휘설명
Empresa 기업, 회사 | **Quiebra** 파산 | **Accionistas** : 주주 | **Bienes** 부, 재산

Javier

Correcto, eso es. Además, las sociedades anónimas están **dirigidas** por un **Consejo de Administración**. **A menudo**, las sociedades anónimas **venden** sus acciones en Bolsa.

> 어휘설명
> **Dirigir** 지도하다, 경영하다, 관리하다
> **Consejo de Administración** 이사회
> **A menudo** 자주, 여러 번 | **Vender** 판매하다, 매각하다

¿Cuál es la **diferencia** entre la Sociedad Anónima (S.A.) y la Sociedad Limitada (S.L.)?

Martin

> 어휘설명 **Diferencia** 차이

Javier

En la S.L. los socios sí son responsables de las deudas con su patrimonio personal, pero su **responsabilidad** está limitada por la **cantidad** de **dinero** que han dado a la empresa.

> 어휘설명 **Responsabilidad** 책임, 책무 | **Cantidad** 양, 수량 | **Dinero** 자금

Ah, **de acuerdo**. Gracias.

Martin

> 어휘설명 **De acuerdo** 이해했습니다, 알겠습니다

01 기업과 회사 (1) 15

Señala la palabra correcta

 맞는 것을 고르세요.

(1) Deuda　　　　(2) Deuba　　　　(3) Dueda

 맞는 것을 고르세요.

(1) Acción　　　　(2) Actión　　　　(3) Arción

 맞는 것을 고르세요.

(1) Consejo de Administración

(2) Conséjo de Administración

(3) Consejó de Administración

 맞는 것을 고르세요.

(1) Quiabra　　　　(2) Quiebro　　　　(3) Quiebra

 맞는 것을 고르세요.

(1) Responsablidad

(2) Responsabilidad

(3) Responsibilidad

 맞는 것을 고르세요.

(1) Diferéncia　　　　(2) Diferencia　　　　(3) Diferencía

Señala la palabra española correspondiente

 자본

(1) Acción   (2) Capital social   (3) Deuda

 파산

(1) Bienes   (2) Quiebra   (3) Cantidad

 개인자산

(1) Patrimonio personal
(2) Sociedad anónima
(3) Sociedad mercantil

 이사회

(1) Empresa
(2) Consejo de Administración
(3) Bolsa

 유한회사

(1) Sociedad limitada
(2) Sociedad anónima
(3) Sociedad mercantil

 자주

(1) A correr   (2) A menudo   (3) A escuchar

¡Vamos!
El español en negocios

02

Lo nuevo Eo de España

기업과 회사 (2)

학습내용

학습목표

Términos básicos

Texto

Expresiones fundamentales y comprensión

Práctica

Objetivos y contenidos

학습내용
기업과 회사에 관련된 표현

학습목표
스페인어에서 기업과 회사운영 등에 관련된 대표적인 스페인어 표현을 이해하고 활용할 수 있다.

Términos básicos

Tienda	상점
Cadena comercial	영업체인
Gestión	경영
Sede central	본부
Volumen de negocio consolidado	매출액
Beneficio neto	총수익

Texto

- 다음의 내용을 읽어봅시다.

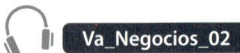

El milagro Inditex

Inditex es uno de los mayores grupos de distribución de moda a escala mundial y tiene más de 6.600 tiendas en 88 países. Además de Zara, la más grande de sus cadenas comerciales, Inditex tiene otras marcas: Pull&Bear, Massimo Dutti, Bershka, Stradivarius, Oysho, Zara Home y Uterqüe.

Su grupo empresarial reúne también a sociedades relacionadas con las diferentes actividades del negocio del diseño, la fabricación y la distribución textil.

Su singular modelo de gestión, basado en la innovación y la flexibilidad, y su forma de entender la moda -creatividad y diseño de calidad, junto con una rápida respuesta a las demandas del mercado- le han permitido una rápida expansión internacional y una excelente acogida de sus diferentes conceptos comerciales.

La primera tienda Zara abrió en el año 1975 en A Coruña, Galicia (noroeste de España), lugar en el que el Grupo inició su actividad y donde está su sede central. Hoy pueden encontrarse tiendas del grupo Inditex en cientos de ciudades de los cinco continentes, siempre en las más importantes calles comerciales.

La empresa ha experimentado un importante crecimiento en los últimos años, hasta alcanzar un volumen de negocio consolidado en 2014 de 18.117 millones de euros y un beneficio neto de 2.501 millones de euros. A 31 de enero de 2015 el Grupo tenía 137.054 empleados.

Expresiones fundamentales y comprensión

El milagro Inditex

Inditex es uno de los mayores grupos de distribución de **moda** a escala mundial y tiene **más de** 6.600 **tiendas** en 88 países.

> 어휘설명
>
> **Milagro** 기적 | **Moda** 패션, 유행 | **Más de** 이상의 | **Tienda** : 상점

Además de Zara, la más grande de sus **cadenas comerciales**, Inditex tiene otras **marcas**: Pull&Bear, Massimo Dutti, Bershka, Stradivarius, Oysho, Zara Home y Uterqüe.

> 어휘설명
>
> **Cadena comercia** 영업체인 | **Marca** 상표, 브랜드

Su **grupo empresarial reúne** también a sociedades relacionadas con las diferentes actividades del **negocio del diseño**, la **fabricación** y la **distribución textil**.

> 어휘설명
>
> **Grupo empresarial** 기업군 | **Reunir** : 모으다
> **Negocio del diseño** 디자인 산업 | **Fabricación** 제조, 생산
> **Distribución textil** 섬유 유통

Su **singular** modelo de **gestión**, basado en la **innovación** y la **flexibilidad**, y su forma de entender la moda -creatividad y diseño de calidad, junto con una rápida respuesta a las **demandas** del **mercado**- le han permitido una rápida **expansión** internacional y una excelente **acogida** de sus diferentes conceptos comerciales.

> 어휘설명
>
> **Singular** 특이한, 기발한 | **Gestión** 경영 | **Innovación** 혁신
> **Flexibilidad** 유연성 | **Demanda** 수요 | **Mercado** 시장
> **Expansión** 확장 | **Acogida** 평판

La primera tienda Zara abrió en el año 1975 en A Coruña, Galicia (noroeste de España), lugar en el que el Grupo inició su actividad y donde está su **sede central**. Hoy pueden encontrarse tiendas del grupo Inditex en **cientos** de ciudades de los cinco **continentes**, siempre en las más importantes **calles comerciales**.

> 어휘설명
>
> **Sede central** 본부, 본사 | **Ciento** 100 | **Continente** 대륙
> **Calles Comerciales** 상점가

La empresa ha **experimentado** un importante crecimiento en los últimos años, hasta **alcanzar un volumen de negocio consolidado** en 2014 de 18.117 millones de euros y un **beneficio neto** de 2.501 millones de euros. A 31 de **enero** de 2015 el Grupo tenía 137.054 empleados.

> 어휘설명
>
> **Experimentar** 경험하다 | **Alcanzar** 도달하다
> **Un volumen de negocio consolidado** 매출액
> **Beneficio neto** 총수익 | **Enero** : 1월

Señala la palabra correcta

 맞는 것을 고르세요.

(1) Beneficio neto　　(2) Beneficio rato　　(3) Beneficio netro

 맞는 것을 고르세요.

(1) Carma　　(2) Marca　　(3) Macra

 맞는 것을 고르세요.

(1) Gestión　　(2) Gectión　　(3) Gesción

 맞는 것을 고르세요.

(1) Sincular　　(2) Cingular　　(3) Singular

 맞는 것을 고르세요.

(1) Voluman de negocio consolidado
(2) Volumen de negocio consolidado
(3) Volumen de negocio consolidando

 맞는 것을 고르세요.

(1) Sede Central　　(2) Cede Centrial　　(3) Sede Central

Señala la palabra española correspondiente

 영업체인

(1) Cadena comercial

(2) Cadena de fabricación

(3) Cadena antirrobo

 매출액

(1) Volumen de negocio consolidado

(2) Beneficio neto

(3) Demandas del mercado

 상점

(1) Continente   (2) Tienda   (3) Moda

 제조

(1) Distribución   (2) Fabricación   (3) Innovación

 유연성

(1) Flexibilidad   (2) Demanda   (3) Expansión

 본사

(1) Sede central   (2) Volumen   (3) Negocio

03

Lo nuevo Eo de España

인력개발 (1)

학습내용

학습목표

Términos básicos

Texto

Expresiones fundamentales y comprensión

Práctica

Objetivos y contenidos

학습내용

인력개발에 관련된 표현

학습목표

스페인어에서 인력개발 등에 관련된 대표적인 스페인어 표현을 이해하고 활용할 수 있다.

Términos básicos

Empleo o trabajo	일자리
Entrevista de trabajo	구직 면접
Responsable de Recursos Humanos(RR. HH.)	채용 책임자
Currículum Vitae (C.V.) o currículo	이력서
Perfil profesional	직업 프로필
Solicitar	신청하다
Campo o área profesional	직업 영역
Horario de trabajo	근무시간
Tiempo parcial	아르바이트
Media jornada	시간제 아르바이트(정규시간의 반을 채우는 것)

Texto

- 다음의 내용을 읽어봅시다.

Juan Rodríguez es estudiante de Periodismo y está buscando empleo. Ahora hace una entrevista de trabajo con el responsable de Recursos Humanos (RR. HH.) en un periódico.

Entrevistador: Hola, buenos días. Siéntese, por favor. Usted debe de ser Juan Rodríguez.

Juan: Sí, soy yo.

Entrevistador: Le hemos llamado porque hemos leído su currículum vitae y estamos interesados en usted. Necesitamos a alguien de su perfil para trabajar en nuestro periódico durante el verano. Dígame, ¿por qué ha solicitado este puesto?

Juan: Bueno, soy estudiante de último año de Periodismo y creo que esta es una buena oportunidad para empezar a trabajar en mi campo.

Entrevistador: ¿Por qué escogió la carrera de Periodismo?

Juan: Porque me encantan las noticias, especialmente escribirlas.

Entrevistador: Y ¿Qué horario de trabajo prefiere?

Juan: Como todavía estudio en la universidad, quiero trabajar a tiempo parcial; un horario de media jornada es ideal para mí.

Entrevistador: De acuerdo, ha sido un placer. Muchas gracias por su tiempo.

Juan: Muchas gracias y buenos días.

Expresiones fundamentales y comprensión

Juan Rodríguez es estudiante de Periodismo y está buscando empleo. Ahora hace una entrevista de trabajo con el responsable de Recursos Humanos (RR. HH.) en un periódico.

어휘설명
Buscar 찾다, 구하다 | **Empleo** 일자리 | **Entrevista de trabajo** 구직면
Responsable de Recursos Humanos (RR. HH.) 채용책임자
Recurso 자원 | **Periódico** 신문

Entrevistador

Hola, buenos días. Siéntese, por favor. Usted debe de ser Juan Rodríguez.

어휘설명 **Sentarse** 앉다 | **Deber de** + **inf** ~임에 틀림없다

Sí, soy yo.

Juan

Entrevistador

Le hemos **llamado** porque hemos **leído** su **currículum vitae** y estamos **interesados** en usted. Necesitamos a alguien de su **perfil** para trabajar en nuestro periódico **durante** el **verano**. Dígame, ¿por qué **ha solicitado** este **puesto**?

어휘설명 | **Llamar** 부르다 | **Leer** 읽다 | **Currículum vitae** 이력서
Interesado | 흥미있는 | **Perfil** : 프로필 | **Durante** 동안
Verano 여름 | **Solicitar** 신청하다 | **Puesto** 일자리

Bueno, soy estudiante de último año de **Periodismo** y creo que esta es una buena **oportunidad** para empezar a trabajar en mi **campo**.

Juan

어휘설명 | **Periodismo** 신문학과 | **Oportunidad** 기회 | **Campo** 분야

¿Por qué **escogió** la **carrera** de Periodismo?

Entrevistador

어휘설명 | **Escoger** 고르다 | **Carrera** 경력, 전공 |

Porque me **encantan** las noticias, especialmente escribirlas.

Juan

어휘설명 | **Encantar** 기쁘게 하다

Entrevistador

Y ¿Qué horario de trabajo prefiere?

어휘설명   **Horario** 시간, 일정 | **Preferir** 선호하다

Como todavía estudio en la universidad, quiero trabajar a tiempo parcial; un horario de media jornada es ideal para mí.

Juan

어휘설명
Tiempo parcial 아르바이트
Media Jornada 시간제 아르바이트(정규시간의 반을 채우는 것)
Ideal 이상적인 | **Para Mí** 나에게

Entrevistador

De acuerdo, ha sido un placer. Muchas gracias por su tiempo.

어휘설명   **Acuerdo** 일치, 동의 | **Placer** 기쁨

Muchas gracias y buenos días.

Juan

Señala la palabra correcta

 맞는 것을 고르세요.

(1) Péridico   (2) Periódico   (3) Periodico

 맞는 것을 고르세요.

(1) Perfil   (2) Perfíl   (3) Pérfil

 맞는 것을 고르세요.

(1) Oportunidad   (2) Oportanidad   (3) Oportunitad

 맞는 것을 고르세요.

(1) Escogar   (2) Escoger   (3) Escogir

 맞는 것을 고르세요.

(1) Soliciter   (2) Solicitar   (3) Solicitir

 맞는 것을 고르세요.

(1) Horário   (2) Horarió   (3) Horario

Señala la palabra española correspondiente

 근무시간

(1) Campo o área profesional
(2) Horario de trabajo
(3) Tiempo parcial

 구직 면접

(1) Empleo o trabajo
(2) Entrevista de trabajo
(3) Responsable de RR. HH.

 아르바이트

(1) Campo o área profesional
(2) Horario de trabajo
(3) Tiempo parcial

 이력서

(1) Responsable de RR. HH.
(2) Currículum Vitae (C.V.) o Currículo
(3) Perfil profesional

 채용 책임자

(1) Empleo o trabajo
(2) Entrevista de trabajo
(3) Responsable de RR. HH.

 일자리

(1) Empleo o trabajo
(2) Entrevista de trabajo
(3) Responsable de RR. HH.

04

Lo nuevo Eo de España

인력개발 (2)

학습내용

학습목표

Términos básicos

Texto

Expresiones fundamentales y comprensión

Práctica

Objetivos y contenidos

학습내용
인력개발에 관련된 표현

학습목표
스페인어에서 인력개발 등에 관련된 대표적인 스페인어 표현을 이해하고 활용할 수 있다.

Términos básicos

Datos personales	신상자료
Apellidos	성
Fecha de nacimiento	출생일
Dirección	주소
Correo electrónico	이메일 주소
Formación académica	학력
Bachillerato	학사
Experiencia profesional	경력

Texto

● 다음의 내용을 읽어봅시다.

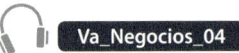

CURRÍCULUM VITAE (C.V.)

Datos personales :

• Nombre : Martín

• Apellidos : Fernández López

• Fecha de nacimiento : 22 de enero de 1992

• Dirección : Calle Carretas, número 15, piso 2º A; 28224, Pozuelo de Alarcón (Madrid)

• Número de teléfono : 606 923 426

• Dirección de correo electrónico : martinfernandez@yahoo.es

Formación académica :

• 1996-2008 : Educación Básica y Enseñanza Secundaria Obligatoria (E.S.O.) en el colegio público Cardenal Mendoza, Pozuelo de Alarcón (Madrid).

• 2008-2011 : Bachillerato en el colegio privado "La Paz", Pozuelo de Alarcón (Madrid).

• Desde 2012 : Grado en Economía y Grado en Periodismo en las facultades de Ciencias Económicas y Empresariales, y de Ciencias de la Información, de la Universidad Complutense de Madrid (U.C.M.).

Experiencia profesional :

- Julio y agosto de 2012 : Camarero en el bar "Las Cumbres", Avenida de Europa, número 15. Pozuelo de Alarcón (Madrid).

- Julio y agosto de 2013 : Repartidor de comida a domicilio en el restaurante Pizza Rápida, Calle Mayor, número 5. Las Rozas (Madrid).

- Enero de 2014 : Vigilante de seguridad de la empresa Securitas Ad Hoc. Calle del garrote, número 8. Majadahonda (Madrid).

Expresiones fundamentales y comprensión

CURRÍCULUM VITAE (C.V.)

Datos personales :

- **Nombre** : Martín
- Apellidos : Fernández López
- Fecha de nacimiento : 22 de enero de 1992
- Dirección : Calle Carretas, número 15, piso 2º A; 28224, Pozuelo de Alarcón (Madrid)
- **Número** de **teléfono** : 606 923 426
- Dirección de correo electrónico : martinfernandez@yahoo.es

> 어휘설명
>
> **Curicalum Vitae** 이력서 | **Nombre** 이름 | **Número** 번호 | **Teléfono** 전화

Formación académica :

- 1996-2008 : Educación **Básica** y Enseñanza **Secundaria** Obligatoria (E.S.O.) en el **colegio público** Cardenal Mendoza, Pozuelo de Alarcón (Madrid).

> 어휘설명
>
> **Básica** 기초의 | **Secundaria** 중등의 | **Colegio** 학교 | **Público** 공립의

- 2008-2011 : Bachillerato en el colegio **privado** "La Paz", Pozuelo de Alarcón (Madrid).

> 어휘설명
>
> **Privado** 사립의

- Desde 2012 : Grado en Economía y Grado en Periodismo en las facultades de Ciencias Económicas y Empresariales, y de Ciencias de la Información, de la Universidad Complutense de Madrid (U.C.M.).

> **어휘설명**
>
> **Grado** 학위

Experiencia profesional :

- Julio y agosto de 2012 : Camarero en el bar "Las Cumbres", Avenida de Europa, número 15. Pozuelo de Alarcón (Madrid).

> **어휘설명**
>
> **Julio** 7월 | **Agosto** 8월 | **Camarero** 종업원 | **Avenida** 대로

- Julio y agosto de 2013 : Repartidor de comida a domicilio en el restaurante Pizza Rápida, Calle Mayor, número 5. Las Rozas (Madrid).
- Enero de 2014 : Vigilante de seguridad de la empresa Securitas Ad Hoc. Calle del garrote, número 8. Majadahonda (Madrid).

> **어휘설명**
>
> **Repartidor** 배달부 | **Domicilio** 집 | **Enero** 1월 | **Vigilante** 경비원

Señala la palabra correcta

 맞는 것을 고르세요.

(1) Básica   (2) Basica   (3) Basicá

 맞는 것을 고르세요.

(1) Publicó   (2) Publíco   (3) Público

 맞는 것을 고르세요.

(1) Caramero   (2) Camarero   (3) Caremaro

 맞는 것을 고르세요.

(1) Avineda   (2) Abenida   (3) Avenida

 맞는 것을 고르세요.

(1) Repartador   (2) Repartidor   (3) Repartor

 맞는 것을 고르세요.

(1) Vigilante   (2) Vigilanto   (3) Vigilente

Señala la palabra española correspondiente

 중등의

(1) Básico　　　(2) Secundario　　　(3) Superior

 학위

(1) Grado　　　(2) Número　　　(3) Colegio

 사립

(1) Público　　　(2) Privado　　　(3) Grado

 배달부

(1) Camarero　　　(2) Repartidor　　　(3) Vigilante

 8월

(1) Julio　　　(2) Agosto　　　(3) Enero

 집

(1) Domicilio　　　(2) Pensión　　　(3) Hotel

05
Lo nuevo Eo de España

인력개발 (3)

학습내용

학습목표

■ **Términos básicos**

■ **Texto**

■ **Expresiones fundamentales y comprensión**

■ **Práctica**

Objetivos y contenidos

학습내용
인력개발에 관련된 표현

학습목표
스페인어에서 인력개발 등에 관련된 대표적인 스페인어 표현을 이해하고 활용할 수 있다.

Términos básicos

Puesto	준비된
Contrato	계약서
Condiciones	조건
Contrato temporal	임시계약
Sueldo o salario	임금
Cuenta bancaria	은행계좌
Ascender a	～에 달하다／～이 되다
Sueldo neto	순수 봉급 액수
Mensual / Mensualmente	매월의／다달이
Anuncio de empleo	구인광고
Enhorabuena	축하합니다
Confianza	믿음

Texto

- 다음의 내용을 읽어봅시다.

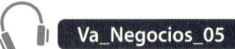

A la semana siguiente el director del periódico llama por teléfono a Martín para comunicarle que le han dado el puesto.

Director: ¡Enhorabuena, señor Rodríguez! El trabajo es para usted.

Martín: Muchas gracias por su confianza.

Director: De nada. Quiero hablarle de las condiciones del contrato, aunque usted ya ha sido informado en general antes de la entrevista.

Martín: Sí.

Director: Le ofrecemos un contrato temporal de dos meses; es un trabajo a tiempo parcial de 16 horas a la semana. Vamos a ingresar el sueldo en su cuenta bancaria mensualmente.

Martín: ¿A cuánto asciende el sueldo?

Director: El sueldo asciende a 1.095 euros netos mensuales, como dice el anuncio de empleo. ¿Algo más?

Martín: No, nada más. Gracias.

Director: Pues hasta pronto y buenos días.

Martín: Buenos días.

Expresiones fundamentales y comprensión

A la semana siguiente el director del periódico llama por teléfono a Martín para comunicarle que le han dado el puesto.

> 어휘설명 Semana 주 | Siguiente 다음 | Director 사장 | Periódico 신문
> Llamar por teléfono 통화하다 | Comunicar 전하다

Director

¡Enhorabuena, señor Rodríguez! El trabajo es para usted.

> 어휘설명 Enhorabuena 축하합니다 (= Felicidades)

Muchas gracias por su confianza.

Martín

> 어휘설명 Confianza 믿음

Director

De nada. Quiero hablarle de las condiciones del contrato, aunque usted ya ha sido informado en general antes de la entrevista.

| 어휘설명 | Entrevista 면접 | condiciones 조건 | contrato 계약 |

Sí.

Martín

Director

Le ofrecemos un contrato temporal de dos meses; es un trabajo a tiempo parcial de 16 horas a la semana. Vamos a ingresar el sueldo en su cuenta bancaria mensualmente.

| 어휘설명 | Ofrecer 약속하다 | Temporal 임시의 | Ingresar 입금하다
Sueldo 임금 | Cuenta bancaria 은행계좌 | Mensualmente 매달

¿A cuánto asciende el sueldo?

| 어휘설명 | Ascender a ~에 달하다/ ~이 되다

Martín

Director

El <u>sueldo asciende</u> a 1.095 euros <u>netos</u> mensuales, como dice el <u>anuncio de empleo</u>. ¿Algo más?

> **어휘설명** **Sueldo** : 봉급 | **Ascender a** : –에 달하다, –이 되다 | **neto** 순
> **anuncio de empleo** 구인광고

No, <u>nada más</u>. Gracias.

Martín

> **어휘설명** **Nada más** 이상입니다

Director

<u>Pues hasta pront</u>o y buenos días.

> **어휘설명** **Pues** 그럼 | **Hasta pronto** 곧 뵈어요

Buenos días.

Martín

Señala la palabra correcta

 맞는 것을 고르세요.

(1) Péridico　　　(2) Periódico　　　(3) Periodico

 맞는 것을 고르세요.

(1) Puesto　　　(2) Puésto　　　(3) Puestó

 맞는 것을 고르세요.

(1) Suéldo　　　(2) Sueldó　　　(3) Sueldo

 맞는 것을 고르세요.

(1) Mensualmente
(2) Mansualmente
(3) Mensuelmente

 맞는 것을 고르세요.

(1) Ascender　　　(2) Ascendar　　　(3) Ascendir

 맞는 것을 고르세요.

(1) Contreto　　　(2) Contrato　　　(3) Cóntrato

Señala la palabra española correspondiente

 QUIZ 07 은행계좌

(1) Contrato temporal
(2) Sueldo o salario
(3) Cuenta bancaria

 QUIZ 08 조건

(1) Condiciones
(2) Contrato temporal
(3) Sueldo o salario

 QUIZ 09 순수 봉급 액수

(1) Sueldo neto
(2) Mensual
(3) Anuncio de empleo

 QUIZ 10 구인광고

(1) Anuncio de neto
(2) Entrevista de empleo
(3) Anuncio de empleo

 QUIZ 11 매월

(1) Diariamente
(2) Mensualmente
(3) Anualmente

 QUIZ 12 임시계약

(1) Contrato escrito
(2) Firma del contrato
(3) Contrato temporal

06

Lo nuevo Eo de España

인력개발 (4)

학습내용

학습목표

Términos básicos

Texto

Expresiones fundamentales y comprensión

Práctica

Objetivos y contenidos

학습내용

인력개발에 관련된 표현

학습목표

스페인어에서 인력개발 등에 관련된 대표적인 스페인어 표현을 이해하고 활용할 수 있다.

Términos básicos

Redactor — 편집자

Dinámico — 활동적인

Entusiasta — 열광적인

Sección — 분야

Indispensable — 필수불가결한

Texto

- 다음의 내용을 읽어봅시다.

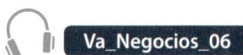

El anuncio de empleo

Aquí está el anuncio de empleo que Martín leyó en un periódico de su universidad antes de hacer la entrevista de trabajo:

REDACTORES EN EL PERIÓDICO AHORA

El periódico AHORA busca redactores jóvenes, dinámicos y entusiastas para trabajar durante los meses de julio y agosto en varias de sus secciones; preferiblemente, estudiantes de los últimos cursos del grado en Periodismo.

La experiencia profesional en el campo del periodismo es un extra, no es indispensable. Se ofrece un trabajo a tiempo parcial de 16 horas por semana, y un sueldo mensual de 1.095 euros netos. Los interesados deben enviar el currículo a la dirección de correo electrónico: ahora@ahora.es.

Expresiones fundamentales y comprensión

El anuncio de empleo

Aquí está el **anuncio de empleo** que Martín **leyó** en un periódico de su **universidad** **antes de** hacer la entrevista de trabajo:

> **Anuncio de empleo** 구인광고 | **Leer** 읽다 | **Universidad** 대학
> **Antes de** + **inf** ~하기 전에 | **Después de** + **inf** ~한 후에

REDACTORES EN EL PERIÓDICO AHORA

El periódico AHORA **busca** redactores **jóvenes**, **dinámicos** y **entusiastas** para trabajar durante los meses de **julio** y **agosto** en **varias** de sus **secciones**;

> **Redacor** 편집자 | **Buscar** 찾다 | **Joven** 젊은 | **Dinámicos** 활동적인
> **Entusiastas** 열정적인 | **Julio** 7월 | **Agosto** 8월 | **Vario** 여러 가지의
> **Sección** 분야

preferiblemente, estudiantes de los **últimos** cursos del **grado** en **Periodismo**.

> **Preferiblemente** 우선적으로 | **Último** 마지막의, 최근의 | **Grado** 학위
> **Periodismo** 신문학과

La **experiencia profesional** en el campo del periodismo es un **extra**, no es **indispensable**.

> 어휘설명 **Experiencia** 경험 | **Profesional** 전문적인 | **Extra** 부속적인 것
> **indispensable** 필수불가결한

Se ofrece un trabajo a tiempo parcial de 16 horas por semana, y un sueldo mensual de 1.095 euros netos. Los **interesados deben enviar** el currículo a la **dirección** de **correo electrónico**: ahora@ahora.es.

> 어휘설명 **Interesado** 관계자 | **Deber** ~해야 한다 | **Enviar** 보내다
> **Dirección** 주소 | **Correo electrónico** 이메일

Señala la palabra correcta

 맞는 것을 고르세요.

(1) Indispensable (2) Indisponseble (3) Indispensible

 맞는 것을 고르세요.

(1) Redictor (2) Ridactor (3) Redactor

 맞는 것을 고르세요.

(1) Dinámico (2) Dynámico (3) Dinímico

 맞는 것을 고르세요.

(1) Entusiasta (2) Antusiasta (3) Emtuciasta

 맞는 것을 고르세요.

(1) Repartador (2) Repartidor (3) Repartor

 맞는 것을 고르세요.

(1) Vigilante (2) Vijilante (3) Vigilente

Señala la palabra española correspondiente

 분야

(1) Sección　　　(2) Secundario　　　(3) Superior

 학위

(1) Grado　　　(2) Rango　　　(3) Colegio

 경험

(1) Veterano　　　(2) Experiencia　　　(3) Novato

 우선적으로

(1) Ulteriormente
(2) Preferiblemente
(3) Constantemente

 신문학과

(1) Cultismo　　　(2) Periodismo　　　(3) Periodísmo

 젊은

(1) Jóven　　　(2) Joven　　　(3) Puñado

07

Lo nuevo Eo de España

홍보와 마케팅 (1)

학습내용

학습목표

Términos básicos

Texto

Expresiones fundamentales y comprensión

Práctica

Objetivos y contenidos

학습내용
홍보와 마케팅에 관련된 표현

학습목표
스페인어에서 홍보와 마케팅 등에 관련된 대표적인 스페인어 표현을 이해하고 활용할 수 있다.

Términos básicos

Departamento Comercial	무역부서
Automoción	자동차산업
Feria	박람회
Producto	제품
Consumidor	소비자
Publicidad	광고
Ventas	매출
Publicar	홍보하다
Medios de comunicación	매스컴
Tarifas publicitarias	광고비
Medios impresos	인쇄 미디어
Presupuesto	예산, 견적
Folleto publicitario	브로셔
Público	대중
Concesionario	판매권한 소유자, 판매처

Texto

● 다음의 내용을 읽어봅시다. Va_Negocios_07

Pablo Sánchez está haciendo prácticas profesionales en el departamento comercial de una empresa de automoción y habla con uno de los empleados de la compañía, Alfredo Núñez.

Pablo Sánchez

¿Crees que va a venir mucha gente a la feria este año? Con la crisis económica, no me parece muy buena idea gastar tanto dinero para presentar nuevos productos a los consumidores.

Ya, pero no olvides que la publicidad es siempre algo fundamental para estimular las ventas de coches. Sin ella, el cliente no puede saber nada del nuevo producto.

Alfredo Núñez

Pablo Sánchez

Sí pero, ¿es necesario invertir tanto dinero en anuncios de prensa escrita, para periódicos, revistas y semanarios? Ahora los compra y los lee mucha menos gente que antes. Creo que hoy en día es mejor publicar en medios de comunicación como internet, la televisión y la radio.

Ya no es tanto dinero, porque las tarifas publicitarias de los medios impresos son ahora más baratas. Aunque no niego que es más útil emplear el presupuesto en folletos publicitarios para repartir al público en los concesionarios.

Alfredo Núñez

Expresiones fundamentales y comprensión

Paula Sánchez **está haciendo prácticas** profesionales en el **departamento comercial** de una empresa de **automoción** y habla con uno de los empleados de la **compañía**, Alfredo Núñez.

> **어휘설명**
>
> **Está haciendo** ~하는 중이다 | **Práctica** 실습
> **Departamento comercial** 무역부서 | **Automoción** : 자동차사업
> **Compañía** : 회사

Pablo

¿**Crees** que va a venir mucha **gente** a la **feria** este año? Con la **crisis** económica, no me **parece** muy buena idea **gastar** tanto dinero para **presentar** nuevos **productos** a los **consumidores**.

> **어휘설명**
>
> **Creer** 믿다 | **Gente** 사람들 | **Feria** : 박람회 | **Crisis** 위기
> **Parecer** 나타나다, 보이다 | **Gastar** 쓰다, 사용하다 | **Presentar** 소개하다
> **Productos** 제품 | **Consumidores** 소비자

Ya, pero **no olvides** que la **publicidad** es siempre algo fundamental para **estimular** las **ventas** de coches. Sin ella, el cliente no puede saber nada del nuevo producto.

Alfredo

> **어휘설명**
>
> **No olvides** 잊지 말아라 | **Publicidad** 광고 | **Estimular** 자극하다
> **Ventas** 매출

Sí pero, ¿es necesario **invertir** tanto dinero en anuncios de **prensa escrita**, para periódicos, revistas y **semanarios**? Ahora los **compra** y los lee mucha menos gente que antes. Creo que **hoy en día** es mejor **publicar** en **medios de comunicación** como internet, la televisión y la radio.

Pablo

어휘설명

Invertir 투자하다 | **Prensa escrita** 인쇄매체 | **Semanario** 주간지
Comprar 구매하다 | **Hoy en día** 요즈음 | **Publicar** 홍보하다
Medios de Comunicación 매스컴

Ya no es tanto dinero, porque las **tarifas publicitarias** de los **medios impresos** son ahora más baratas. Aunque no niego que es más útil emplear el **presupuesto** en **folletos publicitarios** para **repartir** al **público** en los **concesionarios**.

Alfredo

어휘설명

Tarifas publicitarias 광고비 |
Medios impresos 인쇄미디어 | **Presupuesto** 예산
Folletos publicitarios 브로셔 | **Repartir** 나눠주다
Público 대중 | **Concesionarios** 판매권한 소유자, 판매처

Señala la palabra correcta

 맞는 것을 고르세요.

(1) Plactica (2) Práctica (3) Practicá

 맞는 것을 고르세요.

(1) Automoción (2) Automacion (3) Automation

 맞는 것을 고르세요.

(1) Compania (2) Compañía (3) Conpañia

 맞는 것을 고르세요.

(1) Hoy en día (2) Hoy de día (3) Hoy gue diá

 맞는 것을 고르세요.

(1) Pería (2) Felía (3) Feria

 맞는 것을 고르세요.

(1) Crisis (2) Critís (3) Cricis

Señala la palabra española correspondiente

 소비자

(1) Comentario (2) Concesionario (3) Consumidor

 광고

(1) Publicidad (2) Discurso (3) Misión

 투자하다

(1) Publicar (2) Repartir (3) Invertir

 매스컴

(1) Medios de comunicación
(2) Emisora
(3) Transmisión

 예산, 견적

(1) Departamento Comercial
(2) Automoción
(3) Presupuesto

 박람회

(1) Crisis
(2) Feria
(3) Semanario

08

Lo nuevo Eo de España

홍보와 마케팅 (2)

학습내용

학습목표

Términos básicos

Texto

Expresiones fundamentales y comprensión

Práctica

Objetivos y contenidos

학습내용

홍보와 마케팅에 관련된 표현

학습목표

스페인어에서 홍보와 마케팅 등에 관련된 대표적인 스페인어 표현을 이해하고 활용할 수 있다.

Términos básicos

Agencia de publicidad	광고회사
Relaciones públicas (RR.PP.)	PR, 공중관계
Patrocinio deportivo	스포츠 후원
Exhibición	전시회
Expositor	출품자
Evento	이벤트
Informe	보고서
Tendencia	경향
Sector publicitario	광고분야
Campaña	캠페인

Texto

- 다음의 내용을 읽어봅시다.

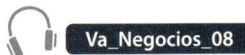

La mayor agencia de publicidad de Corea

Cheil Worldwide Inc. es una empresa global de marketing y medios de comunicación con sede central en Seúl (Corea del Sur), que opera en 25 países. Es la mayor agencia de publicidad de Corea del Sur y ocupa el puesto 19 del mundo en el ranking de Advertizing Age para 2010.

Cheil ofrece servicios de marketing y comunicación, como publicidad, relaciones públicas, patrocinios deportivos, producción de exhibiciones y expositores, y producción de eventos a gran escala. Cheil también mantiene un instituto de ciencias de la comunicación, que publica informes de tendencias en el sector publicitario surcoreano.

A nivel internacional, Cheil ha realizado campañas de comunicaciones para Samsung Electronics. En 2009, Cheil compró The Barbarian Group, empresa líder en marketing y creaciones digitales, para consolidar su potencial en marketing digital tanto en EE. UU. como en otros mercados.

Expresiones fundamentales y comprensión

La mayor agencia de publicidad de Corea

Cheil Worldwide Inc. es una **empresa global** de **marketing** y medios de comunicación con sede central en Seúl (Corea del Sur), que **opera** en 25 países. Es **la mayor agencia de publicidad** de Corea del Sur y **ocupa** el puesto 19 del mundo en el **ranking** de Advertizing Age para 2010.

> **어휘설명**
> **Empresa global** 국제기업 | **Marketing** 마케팅 | **Operar** 활동하다
> **La mayor** 가장 큰 | **Agencia de publicidad** 광고회사
> **Agencia** 대행사 | **Ocupar** 차지하다 | **Ranking** 랭킹

Cheil ofrece servicios de marketing y comunicación, como publicidad, **relaciones públicas**, **patrocinios deportivos**, producción de **exhibiciones** y **expositores**, y producción de **eventos a gran escala**. Cheil también **mantiene** un **instituto** de **ciencias** de la comunicación, que publica **informes** de **tendencias** en el **sector publicitario surcoreano**.

> **어휘설명**
> **Relaciones públicas** PR, 공중관계 | **Patrocinios deportivos** 스포츠 후원
> **Exhibicion** 전시회 | **Expositor** 출품사 | **Evento** 이벤트
> **A gran escala** 큰 규모로 | **Mantener** 유지하다 | **Instituto** 연구소
> **Ciencia** 과학 | **Informe** 보고서 | **Tendencia** 경향
> **Sector publicitario** 광고분야 | **Surcoreano** 한국의

A nivel internacional, Cheil ha realizado **campañas** de comunicaciones para Samsung Electronics. En 2009, Cheil compró The Barbarian Group, empresa líder en marketing y **creaciones** digitales, para **consolidar** su **potencial** en **marketing digital** tanto en EE. UU. como en otros **mercados**.

> **어휘설명**
>
> **Campañas** 캠페인 | **Creación** 창조 | **Consolidar** 강화하다
> **Potencial** 잠재력 | **Marketing digital** 디지털 마케팅
> **Mercado** 시장

Señala la palabra correcta

 맞는 것을 고르세요.

(1) Exhibición   (2) Excibición   (3) Excivición

 맞는 것을 고르세요.

(1) Event   (2) Eventa   (3) Evento

 맞는 것을 고르세요.

(1) Infarme   (2) Informe   (3) Inform

 맞는 것을 고르세요.

(1) Tendencia   (2) Tendentía   (3) Temdencia

 맞는 것을 고르세요.

(1) Campana   (2) Campara   (3) Campaña

 맞는 것을 고르세요.

(1) Instituto   (2) Institute   (3) Inslituto

Señala la palabra española correspondiente

 광고회사

(1) Agencia de publicidad
(2) Patrocinio deportivo
(3) Sector publicitario

 활동하다

(1) Operar   (2) Ocupar   (3) Mantener

 잠재력

(1) Potencial   (2) Mercado   (3) Tendencia

 전시회

(1) Exhibición   (2) Expositor   (3) Evento

 디지털 마케팅

(1) Marketing indirecto
(2) Marketing digital
(3) Marketing análogo

 시장

(1) Mercato   (2) Mercado   (3) Mercero

※ Texto 내용에 근거해서 밑줄에 들어갈 알맞은 말을 고르세요. (13~18)

13 QUIZ El mercado tiene _____ de depresión

(1) tendencia　　　(2) exhibisión　　　(3) mercado

14 QUIZ La empresa da un _____ anual

(1) puesto　　　(2) compañia　　　(3) informe

15 QUIZ La empresa ocupa los primeros puestos en el _____ (광고업계)

(1) patrocinio deportivo
(2) sector publicado
(3) relaciones públicas

16 QUIZ La empresa mantiene un _____ para la investigación del mercado

(1) instituto　　　(2) evento　　　(3) campaña

17 QUIZ Es la mayor _____ de Corea del Sur.(광고회사)

(1) agencia de publicidad
(2) sede central
(3) patrocinios deportivos

18 QUIZ La empresa _____ el potencial en marketing digital (공고히 하다)

(1) Mantiene　　　(2) Ofece　　　(3) Consolida

09

Lo nuevo Eo de España

구매와 판매 (1)

학습내용

학습목표

Términos básicos

Texto

Expresiones fundamentales y comprensión

Práctica

Objetivos y contenidos

학습내용
구매와 판매에 관련된 표현

학습목표
스페인어에서 구매와 판매 등에 관련된 대표적인 스페인어 표현을 이해하고 활용할 수 있다.

Términos básicos

Fabricar	제조하다
Producto	제품
Precio	가격
Coste	비용, 원가
Materia prima	원자재
Proveedor	조달자
Ingresos	수입
Margen de beneficio	이윤
Rebajas o descuentos	할인
Cliente	고객
Dar salida	판매하다
Existencias	재고
Mayorista	도매상인
Minorista	소매상인
Mercancía	상품

Texto

- 다음의 내용을 읽어봅시다.

Paula y Martín visitan con sus compañeros de clase, por un seminario de la universidad, una empresa textil que fabrica camisetas. El director de Relaciones Públicas (RR. PP.) les explica la actividad de la compañía.

Director

… Para vender nuestro producto a un precio competitivo tenemos que comprar a bajo coste la materia prima, el algodón, a nuestros proveedores. Así, podemos maximizar la diferencia entre los costes y los ingresos y obtener, así, un buen margen de beneficio.

Entonces, ¿no pueden hacer muchas rebajas a sus clientes?

Paula

Director

Lamentablemente no, no podemos hacerles grandes descuentos. Tampoco podemos poner precios muy altos, pues así es muy difícil dar salida a nuestras existencias.

Y, ¿ustedes son mayoristas?

Martin

Director

Sí, así es. Nosotros vendemos nuestra mercancía al comercio minorista, y este se la vende al cliente final.

Expresiones fundamentales y comprensión

Paula y Martín visitan con sus compañeros de clase, por un seminario de la universidad, una **empresa textil** que **fabrica camisetas**. El director de Relaciones Públicas (RR. PP.) les **explica** la actividad de la compañía.

어휘설명 **Empresa textil** 섬유회사 | **Fabrica** 제조하다 | **Camiseta** 셔츠
Explicar 설명하다

Director

… Para **vender** nuestro **producto** a un **precio competitivo** tenemos que comprar a **bajo coste** la **materia prima**, el **algodón**, a nuestros **proveedores**.

어휘설명 **Vender** 팔다 | **Producto** 제품 | **Precio** 가격 | **Competitivo** 경쟁력 있는
A bajo coste 낮은 가격에 | **Materia Prima** 원자재 | **Algodón** 면
Proveedor 조달자

Director

Así, podemos **maximizar** la **diferencia** entre los costes y los **ingresos** y **obtener**, así, un buen **margen de beneficio**.

어휘설명 **Maximizar** 최대화하다 | **Diferencia** 차이, 차액 | **Ingresos** 수입
Obtener 획득하다 | **Margen de Beneficio** 이윤

Entonces, ¿no pueden hacer muchas **rebajas** a sus **clientes**?

Paula

Director

Lamentablemente no, no podemos **hacerles** grandes **descuentos**. **Tampoco** podemos poner precios muy altos, pues así es muy difícil **dar salida** a nuestras **existencias**.

> 어휘설명
> **Rebajas** 할인 | **Cliente** 고객 | **Lamentablemente** 유감스럽게도
> **Hacer rebajas/descuentos** 세일하다 | **Tampoco** …도(아니다)
> **Dar salida** 판매하다 | **Existencias** 재고

Y, ¿ustedes son **mayoristas**?

Martin

Sí, así es. Nosotros vendemos nuestra **mercancía** al **comercio minorista**, y este se la vende al **cliente final**.

Director

> 어휘설명
> **Mayorista** 도매상인 | **Comercio** 상업 | **mercancía** 상품
> **Minorista** 소매상인 | **Cliente final** 최종 소비자

Señala la palabra correcta

 맞는 것을 고르세요.

(1) Materia prima　　(2) Matería prima　　(3) Materia príma

 맞는 것을 고르세요.

(1) Mércancia　　(2) Mercancia　　(3) Mercancía

 맞는 것을 고르세요.

(1) Proveedor　　(2) Provaador　　(3) Proveador

 맞는 것을 고르세요.

(1) Cliente　　(2) Clíente　　(3) Cliénte

 맞는 것을 고르세요.

(1) descuentes　　(2) descuentos　　(3) descuentas

 맞는 것을 고르세요.

(1) Exístencias　　(2) Existencías　　(3) Existencias

Señala la palabra española correspondiente

 수입

(1) Ingreso (2) Precio (3) Coste

 소매상인

(1) Mayorista (2) Minorista (3) Mercancía

 제품

(1) Fabricar (2) Producto (3) Precio

 유감스럽게도

(1) Lamentablemente
(2) Preferiblemente
(3) Vigilante

 셔츠

(1) Rebajas (2) Camiseta (3) Comercio

 최대화하다

(1) Maximizar (2) Diferencia (3) Obtener

 차액

(1) Algodón (2) Comercio (3) Diferencia

 QUIZ 14 경쟁력 있는 가격에 팔다
Vender _____

(1) a bajo coste   (2) a plazos largos   (3) a un precio competitivo

 QUIZ 15 이윤을 남기다
Obtener _____

(1) un margen de beneficio

(2) una pérdida

(3) una buena beneficio

 QUIZ 16 고객에게 상품을 설명하다
Explicar la mercancía a los _____

(1) clientes   (2) proveedores   (3) vendedores

QUIZ 17 높은 가격을 책정하다
_____

(1) Vender a bajo coste

(2) Hacer rebajas

(3) Poner precios altos

 QUIZ 18 차액을 극대화 하다
_____

(1) Fabricar camisetas

(2) Maximizar la diferencia

(3) Comprar a bajo coste

10
Lo nuevo Eo de España

구매와 판매 (2)

학습내용

학습목표

Términos básicos

Texto

Expresiones fundamentales y comprensión

Práctica

Objetivos y contenidos

학습내용
구매와 판매에 관련된 표현

학습목표
스페인어에서 구매와 판매 등에 관련된 대표적인 스페인어 표현을 이해하고 활용할 수 있다.

Términos básicos

Rentable	수익성이 좋은
Ganancias	이익
Incrementar o aumentar	증가하다
Comprador	구매자
Vendedor	판매자
Crecimiento mensual	월 성장률
Servicios	서비스
Invertir	투자하다
Local	지역의
Personal de venta	판매직원

Texto

● 다음의 내용을 읽어봅시다.

# Compras por Internet en Colombia

Comprar por internet ya es rentable para todos. Las compras por Internet se están poniendo de moda en Colombia. Según la Comisión Colombiana de Comercio Electrónico (CCCE), las ganancias de esta actividad incrementaron de $38 mil millones a $52 mil millones en el año 2014.

De esta manera, las compras digitales han dejado grandes beneficios para compradores y vendedores y, también, para las empresas de transporte y logística. El director de operaciones de Linio en Colombia dice que se trata de "una cultura naciente, pero con un crecimiento muy grande".

La empresa Linio es una de las más importantes de este mercado en el país, con un crecimiento mensual de entre el 20% y el 30% gracias a estrategias nacionales como el "Cyberlunes", y a estrategias internacionales como el "Black Friday", donde los colombianos pueden comprar desde su casa toda clase de productos y servicios con impresionantes descuentos.

Pero la comodidad no es la única ventaja. El e-commerce también permite realizar una investigación objetiva de los productos y servicios que se compran revisando, por ejemplo, los comentarios de otros compradores para poder elegir el mejor.

También permite acceder a los productos a un bajo costo en comparación con las tiendas físicas porque los proveedores no tienen que invertir en locales ni personal de venta.

Los colombianos que compran en línea buscan principalmente servicios de paquetes turísticos y todo lo relacionado con ropa, moda y accesorios. Aunque las tendencias pueden variar con la temporada, pues, con la llegada de diciembre de 2014, aumentaron las compras de productos del hogar como electrodomésticos y colchones.

Expresiones fundamentales y comprensión

Compras por Internet en Colombia

Comprar por internet ya es **rentable** para todos. Las compras por Internet **se están poniendo de moda** en Colombia. **Según** la Comisión Colombiana de Comercio Electrónico (CCCE), las **ganancias** de esta **actividad incrementaron** de $38 mil millones a $52 mil millones en el año 2014.

> **어휘설명**
> **Compras** 구매 | **Rentable** 수익성이 좋은 | **Poner de moda** 유행시키다
> **Según** ~에 따르면 | **Ganancias** 이익 | **Actividad** 활동
> **Incrementar** 증가하다

De esta manera, las compras digitales han dejado grandes beneficios para **compradores** y **vendedores** y, también, para las empresas de transporte y **logística**. El director de **operaciones** de Linio en Colombia dice que se trata de "una cultura **naciente**, pero con un crecimiento muy grande".

> **어휘설명**
> **De esta manera** 이런 식으로 | **Comprador** 구매자 | **Vendedor** 판매자
> **Logística** 물류 관리 | **Operación** 수송 | **Naciente** 아주 최근에 태어난

La empresa Linio es una de las más importantes de este mercado en el país, con un **crecimiento mensual** de entre el 20% y el 30% **gracias** a estrategias nacionales como el "Cyberlunes", y a **estrategias** internacionales como el "Black Friday", donde los colombianos pueden comprar desde su casa toda clase de productos y **servicios** con **impresionantes** descuentos.

> **어휘설명**
> **Crecimiento mensual** 월 성장률 | **Gracias a** ~덕분에 | **Estrategia** 전략
> **Servicios** 서비스 | **Impresionante** 인상적인, 놀랄 만한

Pero la **comodidad** no es la única **ventaja**. El e-commerce también permite realizar una **investigación objetiva** de los productos y servicios que se compran **revisando**, por ejemplo, los comentarios de otros compradores para poder elegir el mejor.

> 어휘설명
> **Comodidad** 편리함 | **Ventaja** 장점 | **Investigación** 조사
> **Objetiva** 객관적인 | **Revisar** : 점검하다

También permite **acceder** a los productos a un bajo costo en comparación con las tiendas físicas porque los proveedores no tienen que **invertir** en **locales** ni **personal de venta**.

Los colombianos que compran **en línea** buscan **principalmente** servicios de **paquetes turísticos** y todo lo relacionado con ropa, **moda** y accesorios.

> 어휘설명
> **Acceder** 접근하다 | **Invertir** 투자하다 | **Locales** 지역
> **Personal de venta** 판매직원 | **en línea** 온라인으로
> **Principalmente** 우선 | **Paquetes turísticos** 패키지 관광 | **Moda** 패션

Aunque las **tendencias** pueden **variar** con la **temporada**, pues, con la **llegada** de diciembre de 2014, **aumentaron** las compras de productos del **hogar** como **electrodomésticos** y **colchones**.

> 어휘설명
> **Tendencia** 경향 | **Variar** 바뀌다 | **Temporada** 시기 | **Llegada** 도래
> **Aumentar** 증가하다 | **Hogar** 가정 | **Electrodoméstico** 가전 제품
> **Colchón** 매트리스

Señala la palabra correcta

 맞는 것을 고르세요.

(1) Rentable   (2) Rentible   (3) Renteble

 맞는 것을 고르세요.

(1) Estratégia   (2) Estrátegia   (3) Estrategia

 맞는 것을 고르세요.

(1) Crecimiento mensual
(2) Crecimíento mensual
(3) Crecimiento ménsual

 맞는 것을 고르세요.

(1) Tendencia   (2) Tendéncia   (3) Tendencía

 맞는 것을 고르세요.

(1) Impresionente
(2) Impresionante
(3) Imprésionante

 맞는 것을 고르세요.

(1) Electródomestico
(2) Electrodomestico
(3) Electrodoméstico

Señala la palabra española correspondiente

※ 다음 우리말에 해당하는 스페인어 표현을 고르세요. (7~12)

 이익

(1) Ganancias　　(2) Precio　　(3) Coste

 매트리스

(1) Hogar
(2) Electrodoméstico
(3) Colchón

 시기

(1) Tendencia　　(2) Temporada　　(3) Llegada

 주로

(1) Lamentablemente
(2) Preferiblemente
(3) Principalmente

 구매자

(1) Incrementar　　(2) Comprador　　(3) Vendedor

 물류

(1) Logística　　(2) Operación　　(3) Naciente

※ Texto 내용에 근거해서 밑줄에 들어갈 알맞은 말을 고르세요. (13~18)

QUIZ 13 Comprar por internet _____ de moda

(1) se aumenta　　　(2) se reduce　　　(3) se pone

QUIZ 14 La empresa de _____ (물류회사)

(1) investigación　　　(2) logística　　　(3) estrategia

QUIZ 15 En "Black Friday" los compradores pueden comprar los productos con _____ descuentos

(1) lamentables　　　(2) rentables　　　(3) impresionantes

QUIZ 16 La comodidad es _____ del e-commerce

(1) una ventaja　　　(2) un defecto　　　(3) una actividad

QUIZ 17 El e-commerce permite _____ a los productos a un bajo coste

(1) prohibir　　　(2) estrategia　　　(3) invertir

QUIZ 18 Debemos _____ la estrategia de la empresa. (점검하다)

(1) comprar　　　(2) vender　　　(3) revisar

11

Lo nuevo Eo de España

수입과 수출 (1)

학습내용

학습목표

Términos básicos

Texto

Expresiones fundamentales y comprensión

Práctica

Objetivos y contenidos

학습내용
수입과 수출에 관련된 표현

학습목표
스페인어에서 수입과 수출 등에 관련된 대표적인 스페인어 표현을 이해하고 활용할 수 있다.

Términos básicos

Agencia de aduanas	관세청
Órgano de la administración del Estado	국가 행정 기관
Frontera	국경
Arancel	관세
Impuesto	세금
Derecho internacional	국제법
Convenio	협정
Tratado	조약
Ley de aduanas	관세법
Certificado de origen	원산지 증명서

Texto

- 다음의 내용을 읽어봅시다.

> Un amigo de Martín Fernández, Kim Yun Su, quiere montar una empresa de importación y exportación entre Corea y España. Hoy, Yun Su visita a un profesor de Martín especialista en la materia, Mariano Pino, para informarse.

Martín Fernández

… Lo primero en lo que tienes que pensar es en las agencias de aduanas, los órganos de la administración del Estado que vigilan el paso de personas y bienes por las fronteras. Su función principal es cobrar los aranceles e impuestos a las mercancías importadas.

¿Cómo puedo saber los aranceles e impuestos que afectan a mis mercancías?

Kim Yun Su

Martín Fernández

Debes consultar el derecho internacional, en concreto los convenios o tratados firmados entre Corea y España, de los que dependen las leyes de aduanas para este caso concreto.

¿Y sobre los trámites y documentos qué debo conocer?

Kim Yun Su

Martín Fernández

Para empezar, debes saber qué es un certificado de origen, porque sin él, las mercancías no pueden pasar la frontera.

Muchas gracias por su ayuda.

Kim Yun Su

No hay de qué.

Martín Fernández

Expresiones fundamentales y comprensión

Un amigo de Martín Fernández, Kim Yun Su, quiere montar una empresa de importación y exportación entre Corea y España. Hoy, Yun Su visita a un profesor de Martín especialista en la materia, Mariano Pino, para informarse.

어휘설명
Montar 설립하다 | **importación y exportación** 수입과 수출
Informarse: 정보를 얻다

Martín Fernández

… Lo primero en lo que tienes que pensar es en las agencias de aduanas, los órganos de la administración del Estado que vigilan el paso de personas y bienes por las fronteras. Su función principal es cobrar los aranceles e impuestos a las mercancías importadas.

어휘설명
Agencias de aduanas 관세청
Órganos de la administración del Estado 국가행정기관
Vigilar 감시하다 | **Cobrar** 수취하다 | **Arancel** 관세 | **Impuesto** 세금

¿Cómo puedo saber los aranceles e impuestos que afectan a mis mercancías?

Kim Yun Su

어휘설명
Afectar 적용하다

Martín Fernández

Debes consultar el derecho internacional, en concreto los convenios o tratados firmados entre Corea y España, de los que dependen las leyes de aduanas para este caso concreto.

> **어휘설명** **Consultar** 상담하다 | **Derecho internacional** 국제법 | **Convenio** 행정
> **Tratado** 조약 | **Firmar** 서명하다 | **Leyes de aduanas** 관세법

¿Y sobre los trámites y documentos qué debo conocer?

Kim Yun Su

Martín Fernández

Para empezar, debes saber qué es un certificado de origen, porque sin él, las mercancías no pueden pasar la frontera.

> **어휘설명** **Trámite** 수속 | **Documento** 문서 | **Certificado de origen** 원산지 증명서
> **Pasar** 통과하다

Muchas gracias por su ayuda.

Kim Yun Su

Martín Fernández

No hay de qué.

> **어휘설명** **Ayuda** 도움 | **No hay de qué**. 천만에요

Señala la palabra correcta

 맞는 것을 고르세요.

(1) Certificado de origen
(2) Certifícado de origen
(3) Certificado de orígen

 맞는 것을 고르세요.

(1) Trámite   (2) Tramite   (3) Tramíte

 맞는 것을 고르세요.

(1) Dérecha internacional
(2) Derecha internacional
(3) Derecho internacional

 맞는 것을 고르세요.

(1) impórtacion   (2) importacion   (3) importación

 맞는 것을 고르세요.

(1) Agencía de aduanas
(2) Agencia de aduanas
(3) Agencia de aduaras

 맞는 것을 고르세요.

(1) Aróncel   (2) Aráncel   (3) Arancel

Señala la palabra española correspondiente

※ 다음 우리말에 해당하는 스페인어 표현을 고르세요. (7~12)

 국경

(1) Frontera (2) Arancel (3) Impuesto

 수속

(1) Trámite (2) Documento (3) Convenio

 관세법

(1) Tratado
(2) Ley de aduanas
(3) Certificado de origen

 문서

(1) Documento
(2) Preferiblemente
(3) Actualmente

 감시하다

(1) Cobrar (2) Vigilar (3) Montar

 서명하다

(1) Afectar (2) Consultar (3) Firmar

※ Texto 내용에 근거해서 밑줄에 들어갈 알맞은 말을 고르세요. (13~18)

13 QUIZ Las agencias de aduanas _____ el paso de personas

(1) vigilan   (2) cobran   (3) montan

14 QUIZ La función principal de las agencias de aduanas es cobrar los _____

(1) aranceles   (2) convenios   (3) tratados

15 QUIZ _____ un contrato. (서명하다)

(1) Consultar   (2) Ayudar   (3) Firmar

16 QUIZ A : Muchas gracias por su ayuda
B : _____

(1) Hasta pronto
(2) No hay de qué
(3) Me gusta mucho

17 QUIZ Los productos _____ la frontera por barco

(1) cruzan   (2) firman   (3) vigilan

18 QUIZ Sin el _____, las mercancías no pueden pasar la frontera

(1) impórtacion   (2) derecho civil   (3) certificado de origen

12
Lo nuevo Eo de España

수입과 수출 (2)

학습내용

학습목표

- **Términos básicos**
- **Texto**
- **Expresiones fundamentales y comprensión**
- **Práctica**

Objetivos y contenidos

학습내용
수입과 수출에 관련된 표현

학습목표
스페인어에서 수입과 수출 등에 관련된 대표적인 스페인어 표현을 이해하고 활용할 수 있다.

Términos básicos

Tratado de Libre Comercio (TLC)	자유무역협정
Hito	이정표
Línea arancelaria	관세항목
Comercio	무역
Socio comercial	무역 상대국
Intercambio comercial	교역
Proveedor	공급하는
Promedio	평균
Tasa	비율, 시세, 세금

Texto

- 다음의 내용을 읽어봅시다.

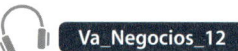

El Tratado de Libre Comercio

El Tratado de Libre Comercio entre Chile y Corea, que cumplió 10 años en 2013, marcó un hito como el primer acuerdo de libre comercio firmado entre un país latinoamericano y uno asiático, pero además fue un paso fundamental en la penetración de Chile en la región del Asia Pacífico.

Lo anterior ha significado que 11.720 productos chilenos ingresen con arancel cero al mercado coreano, lo que equivale al 96% del total de las líneas arancelarias, y al 99,9% de las importaciones coreanas desde Chile durante el año 2013.

Actualmente Corea es el sexto socio comercial de Chile – después de China, Estados Unidos, la Unión Europea, Japón y Brasil – con un 4,5% de participación en el comercio total del 2013. Durante el periodo 2003-2013 el crecimiento promedio anual del intercambio comercial fue de 16%, alcanzando los US$ 6.974 millones durante el último año.

Asimismo, el país asiático es el sexto destino de los envíos chilenos y el séptimo mercado proveedor de Chile, abarcando el 5,5% del total exportado y el 3,5% del total de las importaciones.

En los últimos diez años, las exportaciones chilenas a Corea han aumentado en promedio un 15% anual, en tanto las importaciones lo han hecho a una tasa de 18%.

Expresiones fundamentales y comprensión

El Tratado de Libre Comercio

El Tratado de Libre Comercio entre Chile y Corea, que cumplió 10 años en 2013, **marcó un hito** como el primer **acuerdo** de libre comercio firmado entre un país latinoamericano y uno asiático, pero además fue un paso fundamental en la **penetración** de Chile en la región del Asia Pacífico.

> **어휘설명**
> **Tratado de Libre Comercio** 자유무역협정
> **Marcar un hito** 큰 이정표를 세우다 | **Acuerdo** 합의 | **Penetración** 시장 진출

Lo anterior ha significado que 11.720 productos chilenos **ingresen** con arancel cero al mercado coreano, lo que **equivale al** 96% del total de las **líneas arancelarias**, y al 99,9% de las importaciones coreanas desde Chile durante el año 2013.

> **어휘설명**
> **Ingresar** 진출하다 | **Equivaler a** ~와 같다 | **Línea arancelaria** 관세항목

Actualmente Corea es el sexto **socio comercial** de Chile – después de China, Estados Unidos, la Unión Europea, Japón y Brasil – con un 4,5% de participación en el comercio total del 2013. Durante el periodo 2003-2013 el **crecimiento promedio** anual del **intercambio comercial** fue de 16%, **alcanzando** los US$ 6.974 millones durante el último año.

> **어휘설명**
> **Actualmente** 현재 | **Socio comercial** 무역상대국 | **Crecimiento** 성장률
> **Promedio** 평균 | **Intercambio comercial** 교역 | **Alcanzar** 도달하다

Asimismo, el país asiático es el sexto destino de los envíos chilenos y el séptimo mercado proveedor de Chile, abarcando el 5,5% del total exportado y el 3,5% del total de las importaciones.

> **어휘설명** Asimismo 게다가 | Sexto 6번째의 | Destino 종착지 | Envíos 운송
> Séptimo 7번째의 | Proveedor 공급하는 | Abarcar 포함하다

En los últimos diez años, las exportaciones chilenas a Corea han aumentado en promedio un 15% anual, en tanto las importaciones lo han hecho a una tasa de 18%.

> **어휘설명** Aumentar 증가하다

Señala la palabra correcta

 맞는 것을 고르세요.

(1) Línea arancelaria
(2) Linea arancelaria
(3) Línea arancelaría

 맞는 것을 고르세요.

(1) Socio comercíal
(2) Socío comercial
(3) Socio comercial

 맞는 것을 고르세요.

(1) Crecimiento   (2) Crecimíento   (3) Crécimiento

 맞는 것을 고르세요.

(1) Penetración   (2) Penetracion   (3) Penetratión

 맞는 것을 고르세요.

(1) Prómedio   (2) Promedio   (3) Promédio

 맞는 것을 고르세요.

(1) Asímismo   (2) Asimísmo   (3) Asimismo

Señala la palabra española correspondiente

※ 다음 우리말에 해당하는 스페인어 표현을 고르세요. (7~12)

 무역 상대국

(1) Línea arancelaria
(2) Comercio
(3) Socio comercial

 증가하다

(1) Abarcar
(2) Alcanzar
(3) Aumentar

 6번째의

(1) Séptimo　　　(2) Sexto　　　(3) Destino

 현재

(1) Lamentablemente
(2) Preferiblemente
(3) Actualmente

 공급하는

(1) Proveedor　　　(2) Comprador　　　(3) Vendedor

 비율

(1) Hito　　　(2) Promedio　　　(3) Tasa

※ Texto 내용에 근거해서 밑줄에 들어갈 알맞은 말을 고르세요. (13~18)

QUIZ 13 _____ entre Chile y Corea (칠레와 한국 사이의 자유무역 협정)

(1) El Tratado de Libre Comercio
(2) Línea arancelaria
(3) Intercambio comercial

QUIZ 14 **Actualmente Corea es el sexto _____ de Chile.**
(한국은 현재 칠레의 여섯 번째 무역 상대국이다.)

(1) línea arancelaria   (2) preoveedor   (3) socio comercial

QUIZ 15 **Los productos chilenos _____ con arancel cero al mercado coreano.** (칠레 상품들이 무관세로 한국시장에 진출하고 있다.)

(1) salen   (2) ingresan   (3) alcanzar

QUIZ 16 _____ **del intercambio comercial fue de 16%.**
(교역의 연평균 성장률은 16%였다.)

(1) El decresimiento promedio anual
(2) El crecimiento promedio mensual
(3) El crecimiento promedio anual

 El Tratado de Libre Comercio entre Chile y Corea marcó _____ como el primer acuerdo de libre comercio.
(칠레와 한국의 자유무역협정은 자유무역에 대한 첫 번째 합의로서 이정표를 세웠다.)

(1) un hito

(2) un papel importante

(3) una tasa

 El tratado fue un paso fundamental en _____ .
(협정은 시장진출의 중요한 한 걸음이었다.)

(1) la participación

(2) la penetracion

(3) la penetración

13

Lo nuevo Eo de España

은행

학습내용

학습목표

Términos básicos

Texto

Expresiones fundamentales y comprensión

Práctica

Objetivos y contenidos

학습내용
은행에 관련된 표현

학습목표
스페인어에서 은행에 관련된 대표적인 스페인어 표현을 이해하고 활용할 수 있다.

Términos básicos

Crédito	신용, 신용대출
Sucursal bancaria	은행지점
Cliente	고객
Abrir una cuenta	계좌를 개설하다
Pago mensual domiciliado	월 자동이체
Préstamo	대출
Capital	자본
Interés o rédito	이자
Asalariado	샐러리맨
Ingresar una nómina	급료 명세를 넣다
Patrimonio	재산
Avalista solvente	보증인
Riesgos bancarios	은행의 위험

Texto

- 다음의 내용을 읽어봅시다.

Kim Yun Su, el amigo de Martín Fernández, necesita pedir un crédito a un banco para comenzar su negocio de importación-exportación. Por eso, visita al director de una sucursal bancaria en su despacho.

Buenos días, señor Kim. Dígame, ¿en qué puedo ayudarle?

Martín Fernández

Bueno, ya sabe que soy cliente de su banco desde hace mucho tiempo. Hace más de ocho años, decidí abrir una cuenta en esta sucursal y todos mis pagos mensuales están domiciliados aquí. Ahora necesito saber qué tengo que hacer para conseguir un préstamo para montar un negocio.

Kim Yun Su

Martín Fernández

¿De qué es el negocio?

Es una empresa de importación-exportación entre Corea y España.

Kim Yun Su

Si usted necesita un capital para un negocio, usted debe solicitar un crédito, no un préstamo.

Martín Fernández

¿Y cuál es la diferencia entre un crédito y un préstamo?

Kim Yun Su

Martín Fernández

Con un préstamo, la persona que lo ha solicitado puede emplear todo el dinero prestado o solo una parte, pero el banco le va a cobrar intereses por todo el dinero que ha pedido prestado. Con un crédito, en cambio, el banco solo le cobra intereses por el dinero utilizado. Ya sabe que los intereses o réditos están en relación con la cantidad de dinero que usted solicite.

¿Y qué debo presentar para que me den el crédito?

Kim Yun Su

Martín Fernández

Si usted no es asalariado y no ingresa ninguna nómina en su cuenta, necesitamos saber si usted tiene algún patrimonio o avalistas solventes. El banco tiene que analizar también el tipo de negocio para conocer los riesgos bancarios que podemos correr.

De acuerdo. Otro día hablamos con más calma de todos los detalles. Muchas gracias por la información.

Kim Yun Su

Martín Fernández

De nada, señor Kim. Hasta pronto.

Expresiones fundamentales y comprensión

Kim Yun Su, el amigo de Martín Fernández, necesita pedir un **crédito** a un banco para comenzar su negocio de importación-exportación. Por eso, visita al director de una **sucursal bancaria** en su **despacho**.

> **어휘설명**
> **Crédito** 신용, 신용대출 | **Sucursal bancaria** 은행지점
> **Despacho** 사무실

Buenos días, señor Kim. Dígame, ¿en qué puedo ayudarle?

Martín Fernández

Bueno, ya sabe que soy **cliente** de su banco desde hace mucho tiempo. Hace más de ocho años, decidí **abrir una cuenta** en esta sucursal y todos mis **pagos mensuales están domiciliados** aquí. Ahora necesito saber qué tengo que hacer para **conseguir** un **préstamo** para **montar** un negocio.

Kim Yun Su

> **어휘설명**
> **Cliente** 고객 | **Abrir una cuenta** 계좌를 개설하다
> **Pagos mensuales están domiciliado** 월 자동이체
> **Conseguir** 획득하다 | **Montar** 설립하다 | **Préstamo** 대출

¿De qué es el negocio?

Martín Fernández

Es una empresa de importación-exportación entre Corea y España.

Kim Yun Su

Martín Fernández

Si usted necesita un **capital** para un negocio, usted debe **solicitar** un crédito, no un **préstamo**.

어휘설명 **Capital** 자본 | **Solicitar** 신청하다 | **Préstamo** 대출

¿Y cuál es la diferencia entre un crédito y un préstamo?

Kim Yun Su

Martín Fernández

Con un préstamo, la persona que lo ha solicitado puede **emplear** todo el dinero prestado o solo una parte, pero el banco le va a cobrar intereses por todo el dinero que ha pedido prestado. Con un crédito, en cambio, el banco solo le cobra intereses por el dinero utilizado. Ya sabe que los **intereses** o **réditos** están en relación con la cantidad de dinero que usted solicite.

어휘설명 **Emplear** 소비하다 | **Intereses** 이자 | **Réditos** 이자

¿Y qué debo presentar para que me den el crédito?

Kim Yun Su

Si usted no es **asalariado** y **no ingresa ninguna nómina** en su cuenta, necesitamos saber si usted tiene algún **patrimonio** o **avalistas solventes**. El banco tiene que **analizar** también el tipo de negocio para conocer los **riesgos bancarios** que podemos correr.

Martín Fernández

어휘설명

Asalariado 샐러리맨 | **No ingresa ninguna nómina** 월급이체를 안 하다
Patrimonio 재산 | **Avalistas solvente** 보증인 | **Analizar** 분석하다
Riesgos bancarios 은행의 위험

De acuerdo. Otro día hablamos con más calma de todos los detalles. Muchas gracias por la información.

Kim Yun Su

De nada, señor Kim. Hasta pronto.

Martín Fernández

Señala la palabra correcta

 맞는 것을 고르세요.

(1) Avalista solvente
(2) Avelista solvante
(3) Avalista solvante

 맞는 것을 고르세요.

(1) Préstamo (2) Prestamo (3) Préstame

 맞는 것을 고르세요.

(1) Asalariadente
(2) Asalariador
(3) Asalariado

 맞는 것을 고르세요.

(1) Patrímonio (2) Patrimonío (3) Patrimonio

 맞는 것을 고르세요.

(1) Riesgas bancarias
(2) Riesgos bancarios
(3) Riesgos bancarias

 맞는 것을 고르세요.

(1) Ínteres (2) Interes (3) Interés

Señala la palabra española correspondiente

※ 다음 우리말에 해당하는 스페인어 표현을 고르세요. (7~12)

 재산

(1) Patrimonio   (2) Impuesto   (3) Presupuesto

 은행지점

(1) Sucursal bancaria
(2) Avalista solvente
(3) Riesgos bancarios

 샐러리맨

(1) Cliente   (2) Asalariado   (3) Nómina

 사무실

(1) Cuenta   (2) Empresa   (3) Despacho

 설립하다

(1) Cobrar   (2) Vigilar   (3) Montar

 소비하다

(1) Conseguir   (2) Solicitar   (3) Emplear

※ Texto 내용에 근거해서 밑줄에 들어갈 알맞은 말을 고르세요. (13~18)

13 QUIZ _____ una cuenta en un banco

(1) Cerrar   (2) Cubrir   (3) Abrir

14 QUIZ Necesita pedir _____ a un banco para comenzar su negocio

(1) una deuda   (2) un crédito   (3) un Interés

15 QUIZ El banco tiene que analizar el tipo de negocio para conocer _____. (은행은 위험을 알기 위해 사업에 대해 분석해야 한다.)

(1) los riesgos bancarios
(2) patrimonio
(3) avalista solvente

16 QUIZ El banco le va a cobrar _____ por todo el dinero que ha pedido prestado.

(1) capital   (2) intereses   (3) clientes

17 QUIZ Todos mis pagos mensuales están _____ aquí.

(1) cerrados   (2) montados   (3) domiciliados

18 QUIZ El visita al director de una _____ en su despacho. (그는 은행지점장의 사무실을 방문 했다.)

(1) capital   (2) asalariado   (3) sucursal bancaria

¡Vamos!
El español en negocios

정답

정답

01 기업과 회사 (1)

01. 1	02. 1
03. 1	04. 3
05. 2	06. 2
07. 2	08. 2
09. 1	10. 2
11. 1	12. 2

02 기업과 회사 (2)

01. 1	02. 2
03. 1	04. 3
05. 2	06. 3
07. 1	08. 1
09. 2	10. 2
11. 1	12. 1

03 인력개발 (1)

01. 2	02. 1
03. 1	04. 2
05. 2	06. 3
07. 2	08. 2
09. 3	10. 2
11. 3	12. 1

04 인력개발 (2)

01. 1	02. 3
03. 2	04. 3
05. 2	06. 1
07. 2	08. 1
09. 2	10. 2
11. 2	12. 1

05 인력개발 (3)

01. 2	02. 1
03. 3	04. 1
05. 1	06. 2
07. 3	08. 1
09. 1	10. 3
11. 2	12. 3

06 인력개발 (4)

01. 1   02. 3
03. 1   04. 1
05. 2   06. 1
07. 1   08. 1
09. 2   10. 2
11. 2   12. 2

07 홍보와 마케팅 (1)

01. 2   02. 1
03. 2   04. 2
05. 3   06. 3
07. 3   08. 1
09. 3   10. 1
11. 3   12. 2

08 홍보와 마케팅 (2)

01. 1   02. 3
03. 2   04. 1
05. 3   06. 1
07. 1   08. 1
09. 1   10. 1
11. 2   12. 2
13. 1   14. 3
15. 2   16. 1
17. 1   18. 3

09 구매와 판매 (1)

01. 1   02. 3
03. 1   04. 1
05. 2   06. 3
07. 1   08. 2
09. 2   10. 1
11. 2   12. 1
13. 3   14. 1
15. 1   16. 1
17. 3   18. 2

10 구매와 판매 (2)

01. 2   02. 3
03. 1   04. 1
05. 2   06. 3
07. 1   08. 3
09. 2   10. 3
11. 2   12. 1
13. 3   14. 2
15. 3   16. 1
17. 2   18. 3

11 수입과 수출 (1)

01. **1** 02. **1**
03. **3** 04. **3**
05. **2** 06. **3**
07. **1** 08. **1**
09. **2** 10. **1**
11. **2** 12. **3**
13. **1** 14. **1**
15. **3** 16. **2**
17. **1** 18. **3**

12 수입과 수출 (2)

01. **1** 02. **1**
03. **1** 04. **1**
05. **2** 06. **3**
07. **3** 08. **3**
09. **2** 10. **3**
11. **1** 12. **2**
13. **1** 14. **3**
15. **2** 16. **3**
17. **1** 18. **3**

13 은행

01. **1** 02. **1**
03. **3** 04. **3**
05. **2** 06. **3**
07. **1** 08. **1**
09. **2** 10. **3**
11. **3** 12. **3**
13. **3** 14. **2**
15. **1** 16. **2**
17. **3** 18. **3**